カラー音節表による
中国語発音のすべて
〈CD付〉

中野　達　著

駿河台出版社

まえがき

　以前、中国の西安にある西北大学の宿舎に学生同伴で泊めていただいたときのこと、翌朝校庭を歩いていると、中国の学生が日本語の「五十音図」の表を持って、私の後に付いてきた。

　お分かりのように、「五十音図」をマスターすれば、日本語の発音の基礎は習得できたことになるが、中国語でこの日本語の「五十音図」に相当するのが、この本で対象にする「中国語音節表」である。中国語の音節には、独特のトーン（声調）が付くが、それを覚えながらこの表をマスターすれば、中国語の発音の基礎は大半できあがったことになる。

　この本は、その「中国語音節表」をマスターできるように編まれている。添付のＣＤの録音に従いながら、最初から順を追って学習していただきたい。無味乾燥にならないように努めたが、特に工夫した点を挙げれば、音節表での音節のグループは、カラーで区別して対照識別しやすくしたこと、発音の方法などについては具体的に図示するよう心掛けたこと、発音練習をしながらできるだけ基本的な漢字や単語を学べるようにしたことなどである。

　この本をご使用になって気付かれた点がありましたらお知らせいただきたい。今後改めてより役立つものにしたいと願っています。

　この本の刊行を勧めてくださった井田洋二社長、細部にわたり目を配ってくださった猪腰くるみさんに感謝いたします。

中　野　　達

目　次

まえがき

中国語について

1. 中国語と共通語 ……………………………………………………………………… 7

　　（1）中国語（汉语 Hànyǔ）……………………………………………………… 7
　　（2）共通語（普通话 pǔtōnghuà）……………………………………………… 7

2. ピンイン・ローマ字と簡体字 ……………………………………………………… 7

　　（1）ピンイン・ローマ字（拼音字母 pīnyīnzìmǔ）…………………………… 7
　　（2）簡体字（简体字 jiǎntǐzì／简化字 jiǎnhuàzì）…………………………… 7

3. 中国語の方言 ………………………………………………………………………… 8

　　　　　◇方言区分地図

発音について

1. 音節のしくみ ………………………………………………………………………… 9

2. 韻母（韵母 yùnmǔ）1．単韻母 …………………………………………………… 10

　　　　　◇単韻母表 ……………………………………………………………………… 11

3. 声調（声调 shēngdiào）…………………………………………………………… 12

4. 声母（声母 shēngmǔ）……………………………………………………………… 13

　　1．声母の発音要点 ……………………………………………………………… 13
　　　　　◇発音器官図 …………………………………………………………………… 14
　　　　　◇発音方法 ……………………………………………………………………… 14

2．各声母の発音 ··15
　　（1）双唇音　b(o)　p(o)　m(o) ··15
　　（2）唇歯音　f(o) ··15
　　（3）舌尖音　d(e)　t(e)　n(e)　l(e) ···16
　　（4）舌根音　g(e)　k(e)　h(e) ··17
　　（5）舌面音　j(i)　q(i)　x(i) ··18
　　（6）捲舌音　zh(i)　ch(i)　sh(i)　r(i) ··19
　　（7）舌歯音　z(i)　c(i)　s(i) ···20
　　（8）-i [ɿ] [ʅ] の発音 ··21

5．韻母（韵母 yùnmǔ）2．複韻母 ··22
　　◇韻母分類表
　　◇声調符号の位置

　1．ゼロ韻頭の複韻母　ai　ei　ao　ou…＞型 ··22
　2．ゼロ韻頭の鼻韻母　an　en　ang　eng　ong　…-n / -ng 型 ··························24
　3．i 韻頭の複韻母 ···26
　　（1）ia(ya)　ie(ye)…＜型 ···26
　　（2）iao(yao)　iou(you)(-iu)…＜＞型 ··26
　　（3）ian(yan)　in(yin)　iang(yang)　ing(ying)　iong(yong)　…-n / -ng 型 ··········27
　4．u 韻頭の複韻母 ··28
　　（1）ua(wa)　uo(wo)…＜型 ··28
　　（2）uai(wai)　uei(wei)(-ui)…＜＞型 ···28
　　（3）uan(wan)　uen(wen)(-un)　uang(wang)　ueng(weng) …-n / -ng 型 ··········30
　5．ü 韻頭の複韻母 ···32
　　（1）üe(yue)…＜型 ···32
　　（2）üan(yuan)　ün(yun) …-n 型 ··32

6．音節の連続 ··33
　1．多音節語① ··33
　2．発音の変化① ··33
　　（1）軽声（轻声 qīngshēng） ··33

（２）声調の変化（变调 biàndiào）…………………………………………33

　３．多音節語②………………………………………………………………34

　４．発音の変化②……………………………………………………………34
　　　◇儿化〈捲舌音化〉

発音から単語学習へ

１．単語の分類と働き……………………………………………………………36
　　１．名詞　　　２．動詞　　　３．助動詞
　　４．形容詞　　５．数詞　　　６．量詞
　　７．代詞（１）人称代詞（２）指示代詞（３）疑問代詞
　　８．副詞　　　９．介詞　　　10．接続詞
　　11．助詞（１）構造助詞（２）動態助詞（３）語気助詞
　　12．感嘆詞　　13．擬声語

２．単語の結び付き方―構造（结构 jiégòu）と構造の成分―………………42
　　１．主語 S ‖ 述語 P
　　２．動詞 v ｜ 賓語 O
　　３．修飾語 M　　被修飾語 H
　　４．被補足語 H　　補語 C
　　５．介詞（介）｜賓語 O
　　　◇隔音符号
　　　◇ピンイン・ローマ字名称表
　　　◇汉语拼音方案（ピンイン・ローマ字注音符号国際音標対照表）

カラー中国語音節表

中国語について

1　中国語と共通語

（1）**中国語**（汉语 Hànyǔ）

中華民族（約13億）の言語
- 漢民族の言語（94％）——漢語
  - **方言**（方言 fāngyán）（主要7方言——差異は大きい）
  - 共通語
- 少数民族（55族）の言語—**各民族語**

　　日本で訓読する漢文は古い漢語で、古代から長期に共通の文章語として使用された**文語文**（文言文 wényánwén）。

（2）**共通語**（普通话 pǔtōnghuà）

　　中華人民共和国の成立（1949年）以後に、次のような約束によって標準化された。
1）**北方語**（使用率70％　北京語が代表）を基礎 方言とする。
2）**北京語**の発音を標準音とする。
3）模範的な現代の**口語文**（白话文 báihuàwén）の文法を規範とする。

2　ピンイン・ローマ字と簡体字

（1）**ピンイン・ローマ字**（拼音字母 pīnyīnzìmǔ）

　　アルファベット26文字。発音を表記するのに用いる。拼音〈日本漢字音で、ほうおん〉は、音をつづる意。1958年に批准された「漢語拼音方案」（P47参照）に従っている。

（2）**簡体字**（简体字 jiǎntǐzì ／ 简化字 jiǎnhuàzì）

　　漢字の偏傍（へん・つくり）を含む簡略文字（例えば「漢」は「汉」と書き、「語」は「语」と書くなど）。　注）／は「または」の意
　　漢字の整理と簡略化のために制定された。
「簡化字総表（1964年）」では、2238字。旧字体は、繁体字（繁体字 fántǐzì）という。

3) 中国語の方言

方言区分地図

	1）北方（北方 Běifāng）方言	華北・華中と西南
	2）呉（吴 Wú）方言	江蘇・浙江
	3）湘（湘 Xiāng）方言	湖南
	4）贛（赣 Gàn）方言	江西・湖北
	5）客家（客家 Kèjiā）方言	広東・広西・福建の一部
	6）粤（粤 Yuè）方言	広東
	7）閩（闽 Mǐn）方言	福建・台湾

少数民族語

発音について

1 音節のしくみ

（1）原則として漢字**一字**が**一音節**に当たる。

（2）音節は、**韻母**（母音が主の部分）**だけのもの**と、**声母**（音節の頭に付く子音）**と韻母**とで成り立っているものとがあり、それに**声調**（トーン）が加わる。韻母は、多くが母音一つのものか複合したものかで、母音といいたいが、子音のnやngが付くものがあるので、母音と同じといえない。

（3）巻末の**カラー中国語音節表**を見てください。
　　タテの左端の段の①〜㉑の**21音**が**声母**、ヨコの最上段の**1〜38**の**38音**が**韻母**である。韻母だけのもの、あるいは声母と韻母とが組み合わさったもの、合計**400**余りの音節になる。

	〔日本語〕〈ローマ字〉		〔中国語〕〈ピンイン・ローマ字〉
あ	a …a（母音）	阿	ā …a（韻母）＋声調 ー
た	ta …t（子音）a（母音）	他	tā …t（声母）a（韻母）＋声調 ー

（4）韻母は、韻頭・韻腹・韻尾に分けられ、音節の構成は次のようになる。

音節	声母（21）〈頭の子音〉	韻母〈母音が主〉(39)			声調（4）〈トーン〉
		韻頭〈介母音〉	韻腹〈主母音〉	韻尾〈母音/鼻音〉	
tiān（天）	t	i	a	n	ー
é（鵝）			e		╱
suǒ（所）	s	u	o		∨
ài（愛）			a	i	＼

注）天鵝所愛は、「天鵝 tiān'é（白鳥）の愛する所」の意。

② 韻母（韵母 yùnmǔ） 1．単韻母

a			日本語の「ア」よりも口を広く開ける。
o			日本語の「オ」よりも唇を丸くして突き出す。
e			唇は力を抜き、口は日本語の「エ」よりやや広く半開きで、のどの奥から「オ」を。
ê			日本語の「エ」よりも口を広く開ける。
i (yi)			日本語の「イ」よりも唇を強く横へ引く。
u (wu)			日本語の「ウ」よりも唇を丸くして突き出す。
ü (yu)			上唇の中央部分を下唇にかぶせるようにつぼめて、日本語の「イ」を。
er			日本語の「オ」と「エ」の中間のあいまい母音のe [ə] を発音して、すぐ舌先を上へそらせる。

注）-i：声母の項（21頁）で述べる。

4 音節表対照

巻末の音節表と対照しながら発音してください。

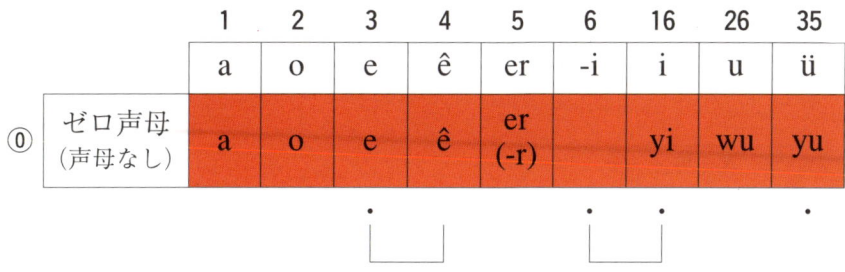

èr 二（に）→ huār 花儿（はな）　　注）・は特に注意する音。└─┘は違いに注意。

単韻母表

舌の部分	舌面母音						舌先母音		舌の高さ
唇の形	前舌		中舌		後舌		前	後	
口の開き方	平口	丸口	平口	丸口	平口	丸口	平口	平口	
狭	i [i]	ü [y]				u [u]	-i [ɿ]	-i [ʅ]	高
半狭	e [e]				e [ɤ]	o [o]			半高
			e [ə]						
半広	e [ɛ]							-r [ɚ]	半低
広	a [a]		a [A]		a [ɑ]				低

注）舌面母音は、舌面が主要な働きをするもの。舌先母音は、舌先が主要な働きをするもの。

3 声調（声调 shēngdiào）

各音節にある一定の高低昇降の調子。四種類あるので、四声ともいう。主母音の上に声調を付けて表す（i の場合、上の点「･」は省略する）。

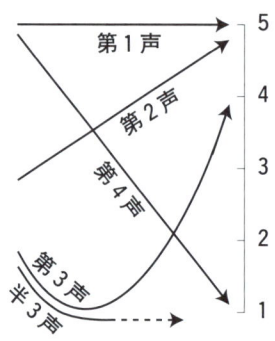

注）各人が話す声の高低。
半3声については後で説明する。(33頁)。

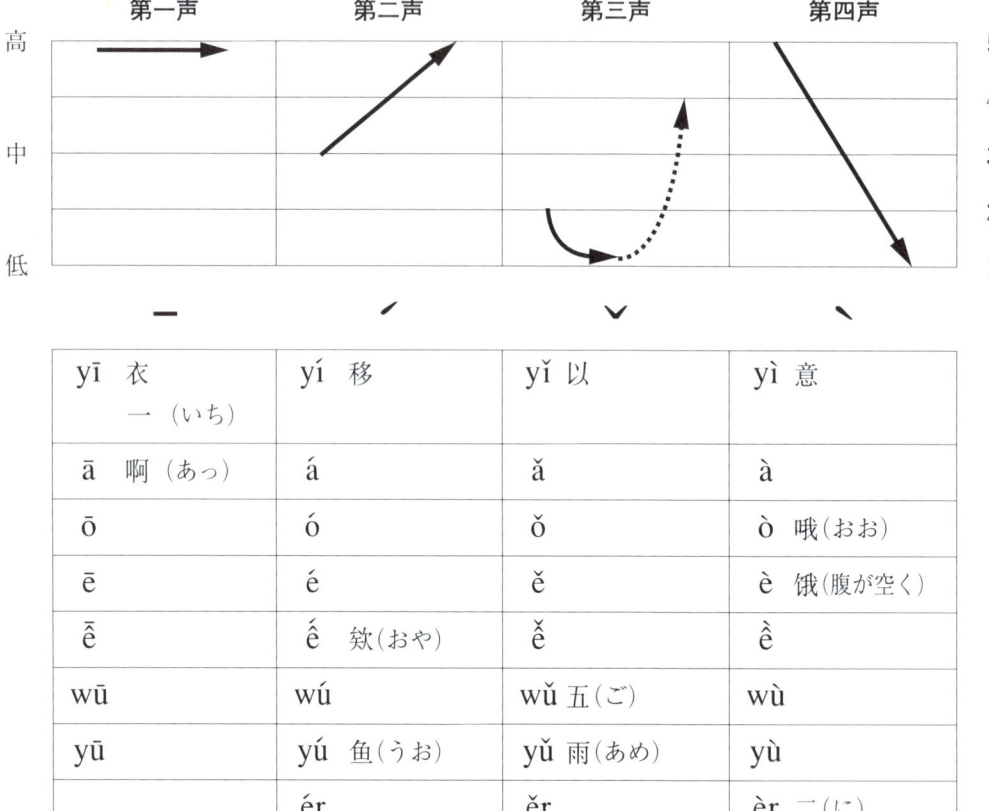

yī 衣 　一 (いち)	yí 移	yǐ 以	yì 意
ā 啊 (あっ)	á	ǎ	à
ō	ó	ǒ	ò 哦 (おお)
ē	é	ě	è 饿 (腹が空く)
ê̄	ế 欸 (おや)	ê̌	ề
wū	wú	wǔ 五 (ご)	wù
yū	yú 鱼 (うお)	yǔ 雨 (あめ)	yù
	ér	ěr	èr 二 (に)

4 声母（声母 shēngmǔ）……音節の頭に付く子音

声母表

発音場所 \ 発音方法			破裂音		鼻音	破擦音		摩擦音		側面音
			無声無気	無声有気	有声	無声無気	無声有気	無声	有声	有声
唇音	両唇音	上唇と下唇	b(o)	p(o)	m(o)					
	唇歯音	上歯と下唇						f(o)		
舌尖音		歯茎と舌尖	d(e)	t(e)	n(e)					l(e)
舌根音		軟口蓋と舌面後部	g(e)	k(e)				h(e)		
舌面音		硬口蓋と舌面前部				j(i)	q(i)	x(i)		
捲舌音		硬口蓋前部と舌尖				zh(i)	ch(i)	sh(i)	r(i)	
舌歯音		上歯の裏と舌端				z(i)	c(i)	s(i)		

注）（ ）内は各声母を発音するときの代表的な母音。

1．声母の発音要点

（1）まず、声母表の発音場所に従って、発音器官図により使う発音器官を確かめる。

（2）次に、声母表の発音方法に従って、下に示された方法を組み合わせて発音する。

〈発音器官図〉

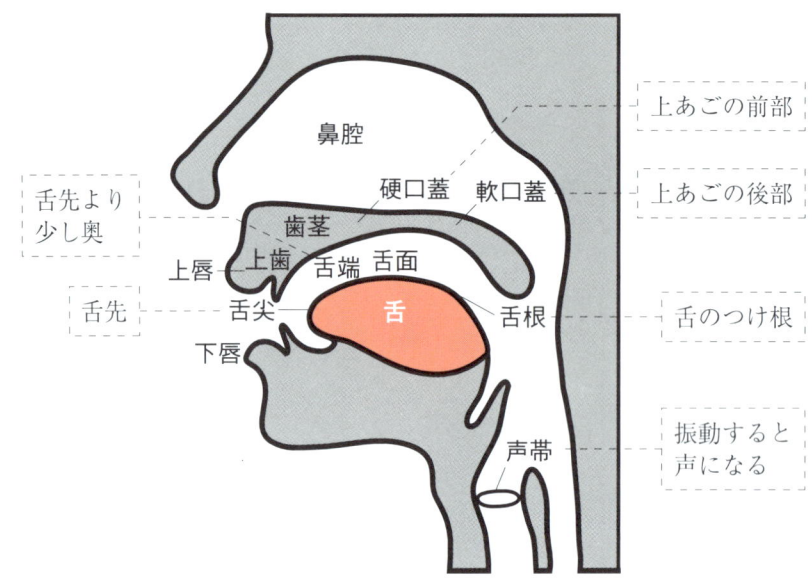

〈発音方法〉

破裂音	息をくいとめてから破裂させる。
鼻音	息を鼻から抜けさせる。
破擦音	破裂に連続して摩擦。
摩擦音	息を摩擦させながら出す。
側面音	息を舌の両側から流し出す。

無声音	声帯を振動させない。声にならない。
有声音	声帯を振動させる。声になる。

無気音	破裂時に息をそっと出す。気音が伴わない。
有気音	破裂時に息を激しく出す。気音が伴う。

注）口の前に紙切れをたらして発音すると、無気音では振動しないが、有気音では振動する。無気音と有気音の対立は、清濁の対立ではない。

無気音と有気音

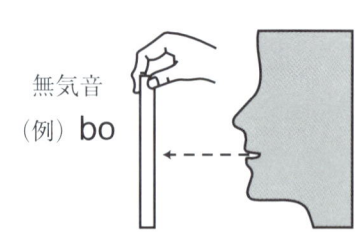

無気音
（例）bo

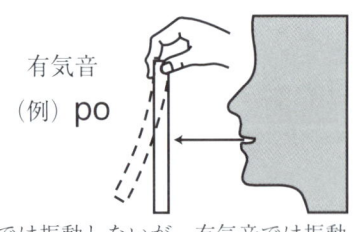

有気音
（例）po

2．各声母の発音

(1) 双唇音　b(o)　p(o)　m(o)　…上唇と下唇

　　唇を閉じ、息をためて、そっと破裂するとb、唇を固く閉じ、息をためて、激しく破裂するとp。唇を固く閉じ、息を鼻に抜けるように送るとm。

(2) 唇歯音　f(o)　…上歯と下唇

　　上の前歯で下唇を軽く押さえて、そのすき間から摩擦させて息を出す。

息をためる →	b, p	m	f

 音節表対照

		1	2	3	16	26					
		a	o	e	i	u					
①	b	ba	bo		bi	bu	bā 八 (はち)	bō 播 (まく)		bǐ 笔 (ふで)	bù 不 (…でない)
②	p	pa	po		pi	pu	pà 怕 (恐れる)	pò 破 (破れる)		pǐ 匹 (匹)	pù 铺 (店)
③	m	ma	mo	me	mi	mu	mǎ 马 (うま)	mò 墨 (墨)	me 么 〈助詞〉	mǐ 米 (米)	mù 木 (木材)
④	f	fa	fo			fu	fā 发 (出す)	fó 佛 (仏)			fù 付 (付する)

注）① me 么のように声調符号がないのは、後で述べる軽声で、声調がはっきりせず弱く短く発音される。

　　② 例としてあげた文字の下に訳がないのは、単独で用いないものや、基本的でないもの。

〈四声連続練習〉

bā 八 (はち)	bá 拔 (抜く)	bǎ 把 (…を)	bà 爸 (おとうさん)	ba 吧 〈助詞〉
mā 妈 (おかあさん)	má 麻 (あさ)	mǎ 马 (うま)	mà 骂 (ののしる)	ma 吗 〈助詞〉
fū 夫	fú 福	fǔ 釜	fù 父	

（3）舌尖音　d(e)　t(e)　n(e)　l(e) …歯茎と舌の先

舌先を上の歯茎につけ、息をためて、そっと破裂するとd、激しく破裂するとt、舌先を上の歯茎につけ、息を鼻に抜けるように送るとn、舌の両側から息を流して出すとl。

息をためる →	d, t	n	l

音節表対照

		1	2	3	16	26	35					
		a	o	e	i	u	ü					
⑤	d	da		de	di	du		dà 大 (大きい)		dé 得 (得る)	dī 低 (低い)	dú 读 (読む)	
⑥	t	ta		te	ti	tu		tā 他(彼) 她(彼女)		tè 特	tí 提 (さげる)	tú 图 (図る)	
⑦	n	na		ne	ni	nu	nü	nà 那 (あの·その)		ne 呢 〈助詞〉	nǐ 你 (あなた)	nǔ 努	nǚ 女 (女性)
⑧	l	la	lo	le	li	lu	lü	lā 拉 (引く)	lo 咯	le 了 〈助詞〉	lǐ 里 (なか)	lù 路 (みち)	lú 驴 (ろば)

注）ne, le のように声調符号がないのは、後述の軽声で、声調がはっきりせず弱く短く発音される。

〈四声連続練習〉

dī 低	dí 笛	dǐ 底	dì 第	di 的
(低い)	(ふえ)	(そこ)	(第)	〈助詞〉
tū 突	tú 图 (図る)	tǔ 土 (つち)	tù 吐 (吐く)	

(4) 舌根音　g(e)　k(e)　h(e)　…上あごの後部と舌のつけ根

　　舌のつけ根の部分を上あごの後部に押しつけ、息をためて、そっと破裂するとg、激しく破裂するとk。舌のつけ根の部分を上あごの後部に押しつけずに近づけて、そのすき間から摩擦させて息を送り出すとh。

息をためる　→	g , k	h

音節表対照

		1	3	26			
		a	e	u			
⑨	g	ga	ge	gu		gè 个 （個）	gǔ 鼓 （つづみ）
⑩	k	ka	ke	ku	kǎ 卡 （カード）	kè 课 （授業）	kǔ 苦 （苦しい）
⑪	h	ha	he	hu	hā 哈 （ハアッ）	hē 喝 （飲む）	hú 湖 （みずうみ）

〈四声連続練習〉

kē 科　　　ké 咳　　　kě 可　　　kè 课
（学科）　　　　　　　　　　　　　（授業）

hē 喝　　　hé 和　　　　　　　　hè 贺
（飲む）　　（…と）

17

（5）舌面音　j(i)　q(i)　x(i)　…上あごの前部と舌の面の前部

　　舌面の前部を上あごの前部に付け（舌先は下の歯の裏）、息をためて、そっと破裂摩擦させて出すと j、激しく破裂摩擦させて出すと q。舌面の前部を上あごの前部に近づけて、そのすき間から摩擦させて息を出すと x。

　　注）jü、qü、xü は、ju、qu、xu と記す。j、q、x は u(wu) と結合しないので、¨ を省略しても間違いは起こらない。

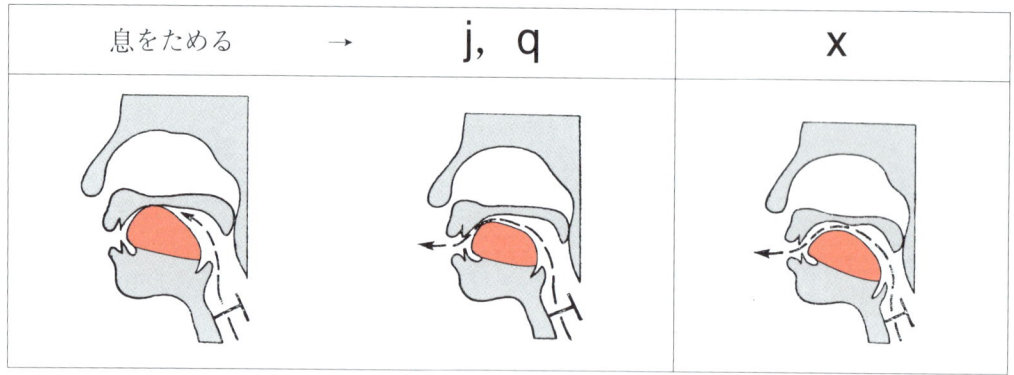

 音節表対照

		16	35		
		i	ü		
⑫	j	ji	ju	jī 鸡（にわとり）	jù 句（文）
⑬	q	qi	qu	qī 七（七）	qù 去（行く）
⑭	x	xi	xu	xī 西（西）	xǔ 许（許す）

〈四声連続練習〉

qū 区　　　qú 鸲　　　qǔ 取　　　qù 去
（区）　　　　　　　　　（取る）　　（行く）

xī 西　　　xí 习　　　xǐ 喜　　　xì 细
（西）　　　　　　　　　　　　　　（細い）

(6) 捲舌音 zh(i) ch(i) sh(i) r(i) …上あごの前部と舌の先

舌先を反らして上あごの前部、歯茎の奥の方に支えるように当てて息をため、そっと破裂摩擦して出すとzh、激しく破裂摩擦して出すとch。舌先をそらして上あごの前部、歯茎の奥の方に当てずに近づけて、そのすき間から息を摩擦して出すとsh、shと同様にすき間を作っておいて、声帯を振動させる（口の奥の方で音を出す感じ）とr。「そり舌音」ともいう。

息をためる →	zh, ch	sh	r

  音節表対照

		1	3	6	26				
		a	e	-i	u				
⑮	zh	zha	zhe	zhi	zhu	zhà 炸	zhè 这 (これ・それ)	zhǐ 纸 (紙)	zhù 住 (住む)
⑯	ch	cha	che	chi	chu	chá 茶 (茶)	chē 车 (車)	chī 吃 (食べる)	chū 出 (出る)
⑰	sh	sha	she	shi	shu	shǎ 傻 (愚か)	shé 蛇 (へび)	shì 是 (…である)	shū 书 (本)
⑱	r		re	ri	ru		rè 热 (暑い)	rì 日 (日)	rù 入 (入る)

〈四声連続練習〉

chī 吃　　　chí 池　　　chǐ 尺　　　chì 赤
(食べる)　　(いけ)　　　(尺)　　　(赤)

shū 书　　　shú 熟　　　　shǔ 数　　　shù 数
(本)　　　(慣れている)　　(数える)　　(かず)

(7) 舌歯音　z(i)　c(i)　s(i)　…上の前歯の裏と舌の先より少し奥

　　歯をかみ合わせ、舌先より少し奥を上の前歯の裏に当て、息をためて、そっと破裂摩擦させて出すとz、激しく破裂摩擦させて出すとc。舌先より少し奥を上歯の裏に近づけて、そのすき間から息を摩擦して出すとs。

息をためる →	z, c	s

🔣 音節表対照

	1	3	6	26				
	a	e	-i	u				
⑲ z	za	ze	zi	zu	zá 杂	zé 则	zì 字 (文字)	zū 租 (賃借する)
⑳ c	ca	ce	ci	cu	cā 擦 (こする)	cè 侧	cí 词 (単語)	cū 粗 (太い)
㉑ s	sa	se	si	su	sǎ 撒 (まく)	sè 色	sì 四 (四)	sú 俗

〈四声連続練習〉

cī 疵　　　cí 词　　　cǐ 此　　　cì 次
　　　　　　　(単語)　　　　　　　(度)

sī 思　　　　　　　　sǐ 死　　　sì 四
　　　　　　　　　　　(死ぬ)　　　(四)

（8）-i [ʅ][ɿ] の発音

[ʅ] は zh、ch、sh、r を発音したときの口の形そのままで、[ɿ] は z、c、s を発音したときの口の形そのままで、それぞれの発音場所のすき間をわずかに広げて出すあいまいな母音。

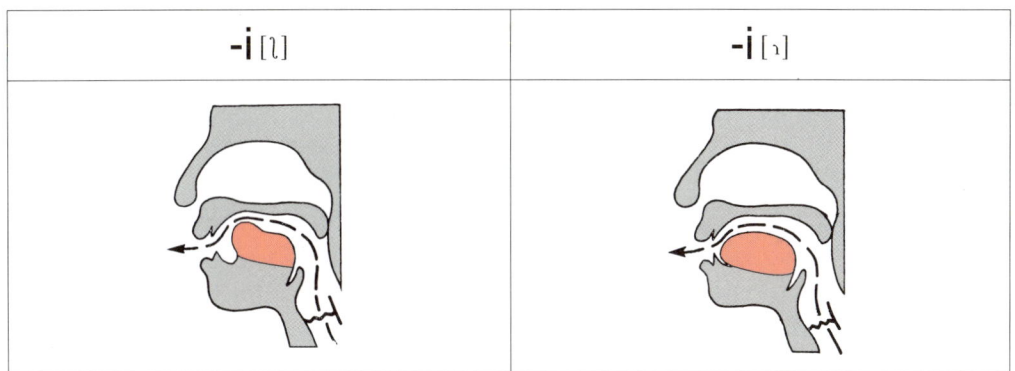

zhi・chi・shi・ri の -i　　　　　zi・ci・si の -i

5 韻母（韵母 yùnmǔ）2．複韻母

韻母分類表

韻母 構造による \ 韻頭による	ゼロ韻頭	i と i 韻頭	u と u 韻頭	ü と ü 韻頭	韻尾による
単韻母	-i [ɿ][ʅ] a [A] o [o] e [ɤ] ê [ɛ] er [ər]	i [i] ia [iA] ie [iɛ]	u [u] ua [uA] uo [uo]	ü [y] üe [yɛ]	ゼロ韻尾
					特殊
複韻母	ai [ai] ei [ei] ao [ɑu] ou [ou]	 iao [iɑu] iou [iou] (-iu)	uai [uai] uei [uei] (-ui)		母音韻尾
鼻韻母	an [an] en [ən] ang [ɑŋ] eng [əŋ] ong [uŋ]	ian [iɛn] in [in] iang [iɑŋ] ing [iŋ] iong [yŋ]	uan [uan] uen [uən] (-un) uang [uɑŋ] ueng [uəŋ]	üan [yɛn] ün [yn]	鼻音韻尾
単用表記	同じ	i-→y- 例外 {i→yi 　　　in→yin 　　　ing→ying	u-→w- 例外 u→wu	ü-→yu- ü は，声母 j・q・x の後では，u と記す	

〈声調符号の位置〉

　　（1）　a があれば、a の上 ………………… hǎo, lái
　　（2）　a がなければ、o・e の上 ………… lóu, bié
　　（3）　ui と iu では、後の母音の上 …… guì, liú

1．ゼロ韻頭の複韻母　ai　ei　ao　ou ……　＞型

　　前の主母音（韻脚）を長くはっきりと，後の母音（韻尾）を軽く短く一息に。

 音節表対照

		7	8	9	10				
		ai	ei	ao	ou				
⓪		ai	ei	ao	ou	ài 爱 (愛する)	éi 欸 (おや)	áo 熬 (煮る)	ǒu 藕 (れんこん)
①	b	bai	bei	bao		bǎi 百 (百)	bèi 倍 (倍)	bǎo 饱 (満腹だ)	
②	p	pai	pei	pao	pou	pài 派 (遣わす)	péi 陪 (お伴する)	pǎo 跑 (走る)	pōu 剖
③	m	mai	mei	mao	mou	mǎi 买 (買う)	méi 没 (〜ない)	māo 猫 (ねこ)	mǒu 某 (ある)
④	f		fei		fou		fēi 飞 (とぶ)		fǒu 否
⑤	d	dai	dei	dao	dou	dài 带 (帯びる)	děi 得 (かかる)	dào 到 (着く)	dōu 都 (みんな)
⑥	t	tai		tao	tou	tài 太 (とても)		tāo 掏	tóu 头 (あたま)
⑦	n	nai	nei	nao	nou	nǎi 奶 (乳)	nèi 内	nào 闹 (騒がしい)	
⑧	l	lai	lei	lao	lou	lái 来 (来る)	lèi 累 (疲れている)	lǎo 老 (年をとっている)	lóu 楼 (建物)
⑨	g	gai	gei	gao	gou	gǎi 改 (改める)	gěi 给 (あたえる)	gāo 高 (高い)	gǒu 狗 (いぬ)
⑩	k	kai	kei	kao	kou	kāi 开 (開く)		kào 靠 (寄りかかる)	kǒu 口 (口)
⑪	h	hai	hei	hao	hou	hǎi 海 (うみ)	hēi 黑 (黒い)	hǎo 好 (良い)	hòu 后 (うしろ)
⑮	zh	zhai	zhei	zhao	zhou	zhǎi 窄 (狭い)	zhèi 这 (これ)	zhǎo 找 (搜す)	zhōu 州
⑯	ch	chai		chao	chou	chái 柴 (たきぎ)		cháo 朝 (向かう)	chōu 抽 (引き抜く)
⑰	sh	shai	shei	shao	shou	shài 晒 (日に当てる)	shéi 谁 (誰)	shǎo 少 (少ない)	shòu 瘦 (やせている)
⑱	r			rao	rou			rào 绕 (回る)	ròu 肉 (にく)
⑲	z	zai	zei	zao	zou	zài 在 (いる)	zéi 贼 (泥棒)	zǎo 早 (早い)	zǒu 走 (歩く)
⑳	c	cai		cao	cou	cài 菜 (料理)		cǎo 草 (くさ)	còu 凑
㉑	s	sai		sao	sou	sài 赛 (競う)		sǎo 扫 (掃く)	sōu 搜

〈四声連続練習〉

| hāi 咳 | hái 还（まだ） | hǎi 海（うみ） | hài 害 |
| māo 猫（ねこ） | máo 毛（貨幣単位） | mǎo 卯 | mào 帽 |

2．ゼロ韻頭の鼻韻母　an en ang eng ong …… -n / -ng 型

-n と -ng の違い

　ともに韻尾の鼻音（子音の一つ）だが、-n は舌先を上の歯茎に押し当てて止め、息を鼻に流す。-ng は舌根を持ち上げ、上あごの奥に押し付け、口をあけたまま息を鼻に流す。

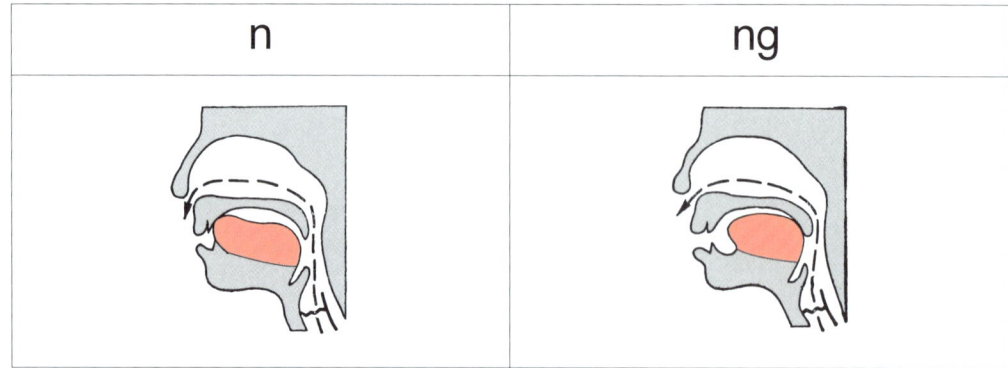

注）an と ang の違い……しいていえば,「案内」の「アン」と「案外」の「アン」。

 音節表対照

		11 an	12 en	13 ang	14 eng	15 ong					
⓪		an	en	ang	eng		àn 按（押す）	ēn 恩	āng 肮	ēng 鞥	
①	b	ban	ben	bang	beng		bān 班（クラス）	běn 本（冊）	bāng 帮（助ける）	bēng 崩	
②	p	pan	pen	pang	peng		pán 盘（大皿）	pén 盆（鉢）	pàng 胖（太っている）	pèng 碰（ぶつかる）	
③	m	man	men	mang	meng		màn 慢（遅い）	mén 门（ドア）	máng 忙（忙しい）	mèng 梦（ゆめ）	
④	f	fan	fen	fang	feng		fàn 饭（ご飯）	fēn 分（分ける）	fāng 方	fēng 风（風）	
⑤	d	dan	den	dang	deng	dong	dān 担（担う）		dāng 当（当たる）	děng 等（待つ）	dōng 东（東）
⑥	t	tan		tang	teng	tong	tán 谈（語る）		táng 糖（あめ）	téng 疼（痛い）	tōng 通（通じる）
⑦	n	nan	nen	nang	neng	nong	nán 难（難しい）	nèn 嫩（若い）	náng 囊	néng 能（できる）	nóng 浓（濃い）
⑧	l	lan		lang	leng	long	lán 蓝		láng 狼（おおかみ）	lěng 冷（寒い）	lóng 龙（龍）
⑨	g	gan	gen	gang	geng	gong	gàn 干（する）	gēn 跟（～と）	gāng 刚（たったいま）	gèng 更（さらに）	gōng 工（仕事）
⑩	k	kan	ken	kang	keng	kong	kàn 看（見る）	kěn 肯（あえて）	káng 扛（担ぐ）	kēng 坑（あな）	kōng 空（から）
⑪	h	han	hen	hang	heng	hong	hǎn 喊（叫ぶ）	hěn 很（とても）	háng 行	héng 横（横）	hóng 红（赤い）
⑮	zh	zhan	zhen	zhang	zheng	zhong	zhàn 站（立つ）	zhēn 真（本当に）	zhāng 张（枚）	zhèng 正（ちょうど）	zhōng 中（中）
⑯	ch	chan	chen	chang	cheng	chong	chǎn 产	chén 沉（沈む）	cháng 长（長い）	chéng 成	chóng 虫
⑰	sh	shan	shen	shang	sheng		shān 山（やま）	shēn 深（深い）	shàng 上（上）	shēng 声（声）	
⑱	r	ran	ren	rang	reng	rong	rǎn 染（染める）	rén 人（人）	ràng 让（譲る）	rēng 扔（ほうる）	róng 容
⑲	z	zan	zen	zang	zeng	zong	zán 咱	zěn 怎（どうして）	zāng 脏（汚い）	zēng 增	zǒng 总
⑳	c	can	cen	cang	ceng	cong	cān 参	cēn 参	cáng 藏（隠す）	céng 层（階）	cóng 从（～から）
㉑	s	san	sen	sang	seng	song	sān 三（さん）	sēn 森	sàng 丧	sēng 僧	sòng 送（送る）

〈四声連続練習〉

shēn 身　　shén 神　　shěn 审　　shèn 慎　　　shēng 生（生む）　　shéng 绳　　shěng 省（省）　　shèng 胜

3．i 韻頭の複韻母

（1） ia(ya)　ie(ye)　……＜型

前のiを短めに、後のaやeをはっきりと、一息に。

（2） iao(yao)　iou(you)(-iu)　……＜＞型

iao は、中央のaをはっきりと、一息に。

iou は、前に声母が付かないときは、第一声と第二声では、oが弱まる。

前に声母が付くときは、第一声と第二声では、oはほとんど消え、第三声と第四声では、oは弱まる。-iu と記す。

| yōu | yóu | yǒu | yòu | → | yǿu | yǿu | yǒu | yòu |
| liū | liú | liǔ | liù | → | liū | liú | li₀ǔ | li₀ù |

 ✿ **音節表対照**

		17	18	19	20				
		ia	ie	iao	iou -iu				
⓪		ya	ye	yao	you	yá 牙 （歯）	yě 也 （～も）	yào 要 （要る）	yǒu 有 （ある）
①	b		bie	biao			bié 別 （他の）	biǎo 表 （時計）	
②	p		pie	piao			piē 撇	piào 票 （切符）	
③	m		mie	miao	miu		miè 灭 （消える）	miǎo 秒 （秒）	miù 谬
④	f								
⑤	d	dia	die	diao	diu		diē 跌 （転ぶ）	diào 掉 （落とす）	diū 丢 （失う）
⑥	t		tie	tiao			tiē 贴 （はる）	tiào 跳 （はねる）	
⑦	n		nie	niao	niu		niē 捏 （つまむ）	niǎo 鸟 （鳥）	niú 牛 （うし）
⑧	l	lia	lie	liao	liu	liǎ 俩 （ふたり）	liè 列	liǎo 了 （終わる）	liù 六 （六）
⑫	j	jia	jie	jiao	jiu	jiā 家 （いえ）	jiè 借 （借りる）	jiāo 教 （教える）	jiǔ 九 （九）
⑬	q	qia	qie	qiao	qiu	qià 恰	qiè 切	qiáo 桥 （はし）	qiú 球 （ボール）
⑭	x	xia	xie	xiao	xiu	xià 下 （した）	xiě 写 （書く）	xiǎo 小 （小さい）	xiū 休

〈四声連続練習〉

jiē 接　jié 节　jiě 姐　jiè 借　　yōu 优　yóu 油　yǒu 有　yòu 又　　jiū 揪　jiǔ 九　jiù 就
（つなぐ）　　　　　　（借りる）　（あぶら）（ある）（また）　　（九）　（すぐ）

(3) ian(yan) in(yin) iang(yang) ing(ying) iong(yong)

...... -n / -ng 型

ianとiangの違い……しいていえば、「イエン」と「イアン」。

音節表対照

		21 ian	22 in	23 iang	24 ing	25 iong					
⓪		yan	yin	yang	ying	yong	yān 烟（たばこ）	yīn 阴（くもり）	yáng 羊（ひつじ）	yīng 英	yòng 用（使う）
①	b	bian	bin		bing		biàn 変（変る）	bīn 宾		bìng 病（やまい）	
②	p	pian	pin		ping		piàn 片（片）	pǐn 品		píng 瓶（びん）	
③	m	mian	min		ming		miàn 面（うどん）	mín 民		míng 名	
④	f										
⑤	d	dian			ding		diǎn 点（点）			dǐng 顶（最も）	
⑥	t	tian			ting		tiān 天（空）			tīng 听（聞く）	
⑦	n	nian	nin	niang	ning		niàn 念（読む）	nín 您（あなた）	niáng 娘（お母さん）	níng 凝	
⑧	l	lian	lin	liang	ling		liǎn 脸（顔）	lín 林	liǎng 两（ふたつ）	líng 零（ゼロ）	
⑫	j	jian	jin	jiang	jing	jiong	jiàn 见（会う）	jìn 近（近い）	jiǎng 讲（話す）	jīng 惊（驚く）	jiǒng 窘
⑬	q	qian	qin	qiang	qing	qiong	qiān 千（千）	qín 琴	qiáng 墙（かべ）	qǐng 请（頼む）	qióng 穷（貧しい）
⑭	x	xian	xin	xiang	xing	xiong	xiān 先（先に）	xīn 新（新しい）	xiǎng 想（考える）	xìng 姓（姓とする）	xióng 熊（くま）

〈四声連続練習〉

xiān 先（まず）　　xián 咸（塩辛い）　　xiǎn 显　　xiàn 县（県）

xiāng 香　　xiáng 详　　xiǎng 想（考える）　　xiàng 像（似ている）

4．u 韻頭の複韻母

(1) ua(wa)　uo(wo) ……＜型

　　前の u を短めに、後の a や o をはっきりと、一息に。

(2) uai(wai)　uei(wei)(-ui) ……＜＞型

　　中央の a や e をはっきりと一息に。

　　uei は、前に声母が付くときは、第一声と第二声では、e はほとんど消え、第三声と第四声では、e は弱まる。-ui と記す。

　　ただし、g、k、h の後は例外で、すべて e が弱まるだけ。

wēi	wéi	wěi	wèi					
tuī	tuí	tuǐ	tuì	→	tuī	tuí	tu$_e$ǐ	tu$_e$ì
guī	guí	guǐ	guì		gu$_e$ī	gu$_e$í	gu$_e$ǐ	gu$_e$ì
kuī	kuí	kuǐ	kuì	→	ku$_e$ī	ku$_e$í	ku$_e$ǐ	ku$_e$ì
huī	huí	huǐ	huì		hu$_e$ī	hu$_e$í	hu$_e$ǐ	hu$_e$ì

 音節表対照

		27	28	29	30				
		ua	uo	uai	uei -ui				
⓪		wa	wo	wai	wei	wā 挖（掘る）	wǒ 我（わたし）	wài 外（外）	wèi 为（〜のため）
⑤	d		duo		dui	duō 多（多い）			duì 对（正しい）
⑥	t		tuo		tui	tuō 脱（脱ぐ）			tuī 推（押す）
⑦	n		nuo			nuò 诺			
⑧	l		luo			luò 落（落ちる）			
⑨	g	gua	guo	guai	gui	guā 刮（吹く）	guó 国（くに）	guài 怪	guì 贵（値が高い）
⑩	k	kua	kuo	kuai	kui	kuā 夸	kuò 扩	kuài 快（早い）	kuī 亏（欠ける）
⑪	h	hua	huo	huai	hui	huā 花（はな）	huǒ 火（ひ）	huài 坏（悪い）	huí 回（帰る）
⑮	zh	zhua	zhuo	zhuai	zhui	zhuā 抓（つかむ）	zhuō 桌	zhuāi 拽	zhuī 追（追う）
⑯	ch	chua	chuo	chuai	chui		chuō 戳	chuāi 揣	chuī 吹（吹く）
⑰	sh	shua	shuo	shuai	shui	shuā 刷（みがく）	shuō 说（話す）	shuāi 摔（投げる）	shuí 谁（だれ）
⑱	r	rua	ruo		rui	ruá 挼	ruò 弱（弱い）		ruì 锐
⑲	z		zuo		zui		zuò 做（する）		zuì 最（もっとも）
⑳	c		cuo		cui		cuò 错（間違っている）		cuī 催（促す）
㉑	s		suo		sui		suǒ 所（所）		suì 岁（歳）

〈四声連続練習〉

guō 锅（なべ）　　guó 国（くに）　　guǒ 果　　guò 过（すぎる）

huī 挥（振る）　　huí 回（帰る）　　huǐ 毁　　huì 会（できる）

（3） uan(wan)　uen(wen)(-un)　uang(wang)　ueng(weng)

…… -n / -ng 型

　wen と weng の違い……しいていえば、「ウェン」と「ウォン」。

　uen は、前に声母が付くときは、第一声と第二声では、e がほとんど消え、第三声と第四声では、e は弱まる。-un と記す。

　　wēn　wén　wěn　wèn

　　lūn　lún　lǔn　lùn　→　lūn　lún　lǔ_en　lù_en

音節表対照

		31	32	33	34				
		uan	uen -un	uang	ueng				
⓪		wan	wen	wang	weng	wàn 万（万）	wèn 问（問う）	wáng 王（王）	wēng 翁
⑤	d	duan	dun			duǎn 短（短い）	dùn 顿（度）		
⑥	t	tuan	tun			tuán 团（団）	tūn 吞（飲み込む）		
⑦	n	nuan				nuǎn 暖（暖かい）			
⑧	l	luan	lun			luàn 乱（乱れている）	lún 轮（輪）		
⑨	g	guan	gun	guang		guān 关（閉める）	gǔn 滚（転がる）	guàng 逛（ぶらつく）	
⑩	k	kuan	kun	kuang		kuān 宽（広い）	kùn 困（眠い）	kuāng 筐	
⑪	h	huan	hun	huang		huán 还（返す）	hùn 混（交ぜる）	huáng 黄（黄色い）	
⑮	zh	zhuan	zhun	zhuang		zhuàn 赚（もうける）	zhǔn 准（正しい）	zhuāng 装（装う）	
⑯	ch	chuan	chun	chuang		chuán 船（ふね）	chūn 春（春）	chuáng 床（ベッド）	
⑰	sh	shuan	shun	shuang		shuān 拴（つなぐ）	shùn 顺（沿う）	shuāng 双（つい）	
⑱	r	ruan	run			ruǎn 软（軟らかい）	rùn 润		
⑲	z	zuan	zun			zuān 钻	zūn 尊		
⑳	c	cuan	cun			cuàn 窜	cùn 寸（寸）		
㉑	s	suan	sun			suān 酸（すっぱい）	sūn 孙		

〈四声連続練習〉

cūn 村（むら） cún 存 cǔn 忖 cùn 寸（寸）

huāng 荒 huáng 黄（黄色い） huǎng 谎（うそ） huàng 晃

5．ü 韻頭の複韻母

（1）üe(yue) ……＜型

　　üe は、前の ü を短めに、後の e をはっきりと一息に。

（2）üan(yuan)　ün(yun) …… -n 型

音節表対照

		36 üe	37 üan	38 ün			
⓪		yue	yuan	yun	yuè 月（月）	yuǎn 远（遠い）	yùn 运（運ぶ）
⑤	d						
⑥	t						
⑦	n	nüe			nüè 疟		
⑧	l	lüe			lüè 略		
⑫	j	jue	juan	jun	jué 觉	juǎn 卷（巻く）	jūn 军（軍）
⑬	q	que	quan	qun	quē 缺（欠ける）	quàn 劝（勧める）	qún 群
⑭	x	xue	xuan	xun	xué 学（学ぶ）	xuǎn 选（選ぶ）	xún 寻（尋ねる）

注）j、q、x につく場合、ü の上の点「¨」は省略する。

〈四声連続練習〉

　xuē 靴（長ぐつ）　　xué 学（学ぶ）　　xuě 雪（ゆき）　　xuè 血（血）

　xuān 宣　　xuán 玄　　xuǎn 选（選ぶ）　　xuàn 旋

6　音節の連続

1．多音節語①

― ＋ ―	kāfēi	咖啡（コーヒー）	╱ ＋ ―	máoyī	毛衣（セーター）
― ＋ ╱	Zhōngguó	中国（中国）	╱ ＋ ╱	xuéxí	学习（勉強する）
― ＋ ∨	qiānbǐ	铅笔（鉛筆）	╱ ＋ ∨	cídiǎn	词典（辞書）
― ＋ ＼	gāoxìng	高兴（うれしい）	╱ ＋ ＼	xuéxiào	学校（学校）

＼ ＋ ―	rènzhēn	认真（まじめだ）
＼ ＋ ╱	dàxué	大学（大学）
＼ ＋ ∨	Hànyǔ	汉语（中国語）
＼ ＋ ＼	zàijiàn	再见（さようなら）

2．発音の変化①

（1）軽声（轻声 qīngshēng）

下線──の部分のように、音節が固有の声調を失って弱く短く発音されるもの。声調符号は付かない（。印を付けることもある）。

xuésheng　学生（学生）　　　māma　妈妈（お母さん）
màozi　帽子（ぼうし）　　　jiāli　家里（家）
huíqu　回去（帰って行く）　 láile　来了（来た）

（2）声調の変化（变调 biàndiào）

1）第三声の変化

半三声へ……第三声の後半の上昇部分が消え、低く押さえた調子（声調の図12頁を参照）になる。

ここでは、便宜上 ⌄ で示す。

∨ ＋ ― → ⌄ ＋ ― 　lǎoshī → lǎoshī　老师（先生）
∨ ＋ ╱ → ⌄ ＋ ╱ 　yǔyán → yǔyán　语言（言語）
∨ ＋ ＼ → ⌄ ＋ ＼ 　hǎokàn → hǎokàn　好看（美しい）
∨ ＋ ◦ → ⌄ ＋ ◦ 　běnzi → běnzi　本子（ノート）

第二声へ……ここでは、便宜上 ⌵ で示す。

∨ ＋ ∨ → ⌵ ＋ ∨ 　fěnbǐ → fěnbǐ　粉笔（チョーク）

33

2）yī（一）と bù（不）〈一の変化は，序数を除く〉

（一）yī + ヽ → yí + ヽ　yīgòng → yígòng　一共（全部で）

（不）bù + ヽ → bú + ヽ　bù qù → bú qù　不去（行かない）

（一）yī + ー → yì + ー　yī zhāng → yì zhāng 一张（一枚）
　　　yī + ／ → yì + ／　yī nián → yì nián 一年（一年）
　　　yī + ˇ → yì + ˇ　yīqǐ → yìqǐ 一起（いっしょに）

37　3．多音節語②

cānjiā 参加（参加する）　túshū 图书（図書）
fēicháng 非常（とても）　tóngxué 同学（クラスメート）
shēntǐ 身体（からだ）　niúnǎi 牛奶（牛乳）
gōngzuò 工作（働く）　zázhì 杂志（雑誌）
zhuōzi 桌子（テーブル）　shéngzi 绳子（なわ）

Běijīng ［ˇー］北京（ペキン）　lùyīn 录音（録音する）
lǚxíng ［ˇ／］旅行（旅行する）　liànxí 练习（練習する）
shuǐguǒ ［ˇˇ］水果（くだもの）　kèběn 课本（テキスト）
nǔlì ［ˇヽ］努力（熱心だ）　duànliàn 锻炼（鍛練する）
lǎoshi ［ˇ○］老实（誠実だ）　dàifu 大夫（医者）

tǐyùchǎng ［ˇヽˇ］体育场（運動場）
yǔfǎshū ［ˇˇー］语法书（文法書）
shuǐguǒtáng ［ˇˇ／］水果糖（ドロップ）
zhǎnlǎnguǎn ［ˇˇˇ］展览馆（展示館）
dǎ xuězhàng ［ˇˇヽ］打雪仗（雪合戦をする）
shuǐjiǎozi ［ˇˇ○］水饺子（水ギョーザ）

注）「ギョーザ」は日中戦争終結後帰国した日本人が中国の方言音をまねて付けた呼び名。

38　4．発音の変化②

儿化〈捲舌音化〉

er が èr（二）のように独立した韻母とならずに，他の韻母に加わって，捲舌韻母を作ること。その際，加わった韻母に変化がおこる。

　　　花儿（はな）huā［xua］er［ɚ］→ 花儿 huār［xuɐr］

1) -a, -o, -e [ɤ], -u …… [r]（舌を巻く）が加わるだけ。

哪儿 nǎr [na・ɚ → nɐr] どこ
沫儿 mòr [mo・ɚ → mor] あわ
歌儿 gēr [kɤ・ɚ → kɤr] 歌
珠儿 zhūr [tsu・ɚ → tsur] たま

2) -ai, -ei, -an, -en …… i や n が脱落して [r] が加わる。

小孩儿 xiǎoháir [ɕiɑuxai・ɚ → ɕiɑuxɐr] 子供
味儿 wèir [uei・ɚ → uɐr] におい
玩儿 wánr [uan・ɚ → uɐr] 遊ぶ
门儿 ménr [mən・ɚ → mər] ドア

3) -ng …… ng が脱落し，直前の母音が鼻音化して [r] が加わる。

样儿 yàngr [iaŋ・ɚ → iãr] 様子
影儿 yǐngr [iŋ・ɚ → iə̃r] かげ
声儿 shēngér [ʂəŋ・ɚ → ʂə̃r] こえ
虫儿 chóngér [tʂʰuŋ・ɚ → tʂʰũr] むし

4) -i, -ü …… [ər] が加わる。

小鸡儿 xiǎojīr [-tɕi・ɚ → tɕər] ひよこ
金鱼儿 jīnyúr [-y・ɚ → -yər] 金魚

5) -in, -un, -ün, -ui …… n や i が脱落して [ər] が加わる。

信儿 xìnr [ɕin・ɚ → ɕiər] 消息
没准儿 méizhǔnr [meitʂuən・ɚ → meitʂuər] 不確か
裙儿 qúnr [tɕʰyn・ɚ → tɕʰyər] スカート
土堆儿 tǔduīr [tʰutuei・ɚ → tʰutuər] （土などの）やま

6) -i [ɿ], -i [ʅ], -e [ɛ] …… i や e が [ə] となり [r] が加わる。

字儿 zìr [tsɿ・ɚ → tsər] 書き付け
节儿 jiér [tɕiɛ・ɚ → tɕiər] ふし
事儿 shìr [ʂʅ・ɚ → ʂə̃r] こと

発音から単語学習へ

　この本では、カラー中国語音節表によって中国語の発音を学んだが、できるだけ基本的で実際性のある漢字や単語の学習と関連するように努めた。
　そこで、まず発音学習でどんな単語を学んだかを、品詞に分類して挙げてみた。次に、それらの単語がどんな結び付き方をするか（中国語では、単語の結び付き方が文法の基本）を示してみた。
　どうか、分類された単語やその結び付き方の例を読んで発音の復習をしながら、中国語の基礎力の一端を養ってほしい。

1　単語の分類と働き

1．名詞〔省略：n〕（名词 míngcí）

鱼 yú（うお）　　　雨 yǔ（雨）　　　笔 bǐ（ふで）
墨 mò（墨）　　　马 mǎ（うま）　　　道 dào（みち）
驴 lǘ（ろば）　　　里 lǐ（なか）　　　课 kè（授業）
鸡 jī（にわとり）　句 jù（文）　　　西 xī（西）
茶 chá（茶）　　　车 chē（車）　　　纸 zhǐ（紙）
书 shū（本）　　　日 rì（日）　　　字 zì（文字）
词 cí（単語）　　　菜 cài（料理）　　　贼 zéi（泥棒）
狗 gǒu（いぬ）　　手 shǒu（て）　　　楼 lóu（建物）
肉 ròu（にく）　　班 bān（クラス）　　山 shān（やま）
人 rén（人）　　　上 shàng（上）　　　风 fēng（風）
东 dōng（東）　　　工 gōng（仕事）　　中 zhōng（中）
牙 yá（歯）　　　家 jiā（家）　　　票 piào（切符）
鸟 niǎo（鳥）　　　烟 yān（たばこ）　　羊 yáng（ひつじ）
天 tiān（空）　　　面 miàn（うどん）　　病 bìng（やまい）
熊 xióng（くま）　国 guó（くに）　　　火 huǒ（ひ）
外 wài（外）　　　王 wáng（王）　　　船 chuán（ふね）
轮 lún（輪）　　　春 chūn（春）　　　床 chuáng（ベッド）
月 yuè（月）　　　军 jūn（軍）　　　咖啡 kāfēi（コーヒー）
中国 Zhōngguó（中国）　铅笔 qiānbǐ（鉛筆）　毛衣 máoyī（セーター）
词典 cídiǎn（辞書）　　学校 xuéxiào（学校）　大学 dàxué（大学）

汉语 Hànyǔ（中国語）	学生 xuésheng（学生）	妈妈 māma（おかあさん）
帽子 màozi（ぼうし）	老师 lǎoshī（先生）	语言 yǔyán（言語）
本子 běnzi（ノート）	粉笔 fěnbǐ（チョーク）	年 nián（とし）
身体 shēntǐ（体）	桌子 zhuōzi（テーブル）	图书 túshū（図書）
同学 tóngxué（クラスメート）	牛奶 niúnǎi（牛乳）	杂志 zázhì（雑誌）
绳子 shéngzi（なわ）	北京 Běijīng（北京）	水果 shuǐguǒ（果物）
课本 kèběn（テキスト）	大夫 dàifu（医者）	
体育场 tǐyùchǎng（運動場）	语法书 yǔfǎshū（文法書）	
水果糖 shuǐguǒtáng（フルーツキャンディー）		
展览馆 zhǎnlǎnguǎn（展覧館）		
水饺子 shuǐjiǎozi（水ギョーザ）		

2．**動詞〔v〕（动词 dòngcí）**

饿 è（腹が空く）	破 pò（破れる）	怕 pà（恐れ）
得 dé（得る）	提 tí（さげる）	拉 lā（引く）
喝 hē（飲む）	住 zhù（住む）	吃 chī（食べる）
出 chū（出る）	是 shì（〜である）	擦 cā（こする）
爱 ài（愛する）	开 kāi（開く）	在 zài（いる）
买 mǎi（買う）	来 lái（来る）	给 gěi（あたえる）
飞 fēi（とぶ）	到 dào（着く）	找 zhǎo（搜す）
跑 pǎo（走る）	走 zǒu（歩く）	按 àn（押す）
谈 tán（語る）	看 kàn（見る）	站 zhàn（立つ）
当 dāng（当たる）	碰 pèng（ぶつかる）	等 děng（待つ）
扔 rēng（ほうる）	送 sòng（送る）	借 jiè（借りる）
灭 miè（消える）	写 xiě（書く）	有 yǒu（ある）
教 jiāo（教える）	掉 diào（落とす）	用 yòng（使う）
变 biàn（変る）	念 niàn（読む）	进 jìn（入る）
讲 jiǎng（話す）	想 xiǎng（考える）	听 tīng（聞く）
姓 xìng（姓とする）	刮 guā（吹く）	挖 wā（掘る）
抓 zhuā（つかむ）	刷 shuā（みがく）	做 zuò（する）
说 shuō（話す）	摔 shuāi（投げる）	追 zhuī（追う）
回 huí（帰る）	问 wèn（問う）	关 guān（閉める）
还 huán（返す）	学 xué（学ぶ）	劝 quàn（勧める）

缺 quē（欠ける）　　选 xuǎn（選ぶ）　　寻 xún（尋ねる）
学习 xuéxí（勉強する）　再见 zàijiàn（さようなら）　参加 cānjiā（参加する）
工作 gōngzuò（働く）　旅行 lǚxíng（旅行する）　录音 lùyīn（録音する）
练习 liànxí（練習する）　锻炼 duànliàn（鍛練する）　玩儿 wánr（遊ぶ）
打雪杖 dǎ xuězhàng（雪合戦をする）

3．助動詞 （能愿动词 néngyuàn dòngcí）

会 huì（〈修得して〉できる）　　　能 néng（〈能力があって〉できる）
要 yào（したい、ねばならない）　　可以 kěyǐ（よろしい）

4．形容詞〔a〕（形容词 xíngróngcí）

大 dà（大きい）　　苦 kǔ（苦しい）　　傻 shǎ（愚か）
热 rè（暑い）　　粗 cū（太い）　　窄 zhǎi（狭い）
累 lèi（疲れている）　黑 hēi（黒い）　饱 bǎo（満腹だ）
高 gāo（高い）　　早 zǎo（早い）　　好 hǎo（良い）
少 shǎo（少ない）　慢 màn（遅い）　　难 nán（難しい）
嫩 nèn（若い）　　胖 pàng（太っている）　脏 zāng（汚い）
忙 máng（忙しい）　快 kuài（早い）　冷 lěng（寒い）
横 héng（横）　　红 hóng（赤い）　小 xiǎo（小さい）
阴 yīn（くもり）　新 xīn（新しい）　穷 qióng（貧しい）
错 cuò（間違っている）　对 duì（正しい）　贵 guì（値が高い）
短 duǎn（短い）　　长 cháng（長い）　酸 suān（すっぱい）
广 guǎng（広い）　黄 huáng（黄色い）　高兴 gāoxìng（うれしい）
认真 rènzhēn（まじめだ）　好看 hǎokàn（美しい）　努力 nǔlì（熱心だ）
老实 lǎoshi（誠実だ）

5．**数詞**（数词 shùcí）

一 yī（一）	二 èr（二）	三 sān（三）
四 sì（四）	五 wǔ（五）	六 liù（六）
七 qī（七）	八 bā（八）	九 jiǔ（九）
十 shí（十）	百 bǎi（百）	千 qiān（千）
万 wàn（万）	零 líng（ゼロ）	两 liǎng（ふたつ）
俩 liǎ（ふたり）		

6．**量詞**（量词 liàngcí）……助数詞

匹 pǐ（匹）	个 ge（個）	口 kǒu（〈家族の人数に〉）
本 běn（冊）	张 zhāng（枚）	回 huí（回）
次 cì（度）	岁 suì（歳）	寸 cùn（寸）

7．**代詞**〔代〕（代词 dàicí）……名詞、動詞、形容詞、数詞などに代わる語。

（1）**人称代詞**〔人代〕（人称代词 rénchēng dàicí）

我 wǒ（わたし）	我们 wǒmen（わたしたち）
你 nǐ（あなた）	您 nín（あなた（敬称））
你们 nǐmen（あなたたち）	他 tā（彼）
她 tā（彼女）	他们 tāmen（かれら）

（2）**指示代詞**〔指代〕（指示代词 zhǐshì dàicí）

这 zhè（これ、それ）	那 nà（それ、あれ）
这里 zhèli（ここ、そこ）	那里 nàli（そこ、あそこ）

（3）**疑問代詞**〔疑代〕（疑问代词 yíwèn dàicí）

谁 shuí・shéi（だれ）	什么 shénme（なに）
哪里 nǎli・哪儿 nǎr（どこ）	怎么样 zěnmeyàng（どのよう）
怎么 zěnme（なぜ、どのように）	几 jǐ（いくつ〈10以下〉）
多少 duōshao（どのくらい〈10以上／不定〉）	

8．副詞〔ad〕（副词 fùcí）

不 bù（…でない）	太 tài（とても）
没 méi（～ない）	都 dōu（みんな）
很 hěn（とても）	刚 gāng（たったいま）
更 gèng（さらに）	正 zhèng（ちょうど）
先 xiān（先に）	最 zuì（もっとも）
再 zài（ふたたび）	一共 yígòng（全部で）
一起 yìqǐ（いっしょに）	非常 fēicháng（とても）

9．介詞〔介〕（介词 jiècí）

跟 gēn（～と）	在 zài（～で）
为 wèi（～のために）	到 dào（～まで）
从 cóng（～から）	

10．接続詞（连词 liáncí）

和 hé（～と～）	跟 gēn（～と～）
或者 huòzhě（または）	可是 kěshì（しかし）
要是 yàoshì（もし）	

11. **助詞**（助词 zhùcí）

（1）**構造助詞**（结构助词 jiégòu zhùcí）……文法成分を結びつける働きをする語。

> 的 de（限定修飾語〈形容詞的修飾語〉に付く）
> 地 de（状況修飾語〈副詞的修飾語〉に付く）
> 得 de（補語に用いる）

（2）**動態助詞**（动态助词 dòngtài zhùcí）……動詞や形容詞の後ろに付いて、完了・接続・経験などの動態（アスペクト、様相）を表す語。

> 了 le（完了を示す）　　　　　　　　着 zhe（持続を示す）
> 过 guo（経験を示す）

（3）**語気助詞**（语气助词 yǔqì zhùcí）……文末に付いて陳述・疑問など語気を表す語。

> 吗 ma（疑問を示す）　　　　　　　　呢 ne（疑問の省略を示す）
> 了 le（既発生や新変化を示す）

12. **感嘆詞**（叹词 tàncí）

> 啊 ā（あっ）　　　　　　　　　　　　欸 ế・éi（おや）

13. **擬声語**（拟声词 nǐshēngcí）

> 咚咚 dōngdōng（トントン）　　　　　哗啦 huālā（ガラガラ）

② 単語の結び付き方―構造（结构 jiégòu）と構造の成分―

単語を結び付けて発音し、中国語の単語の基本的な結び付き方を学習してください。
(1) 中国語には、人称・格・数・時制などによる語形（形態）の変化がない。
(2) 中国語では、単語と単語の結び付き方、順序配列（その組み立てを**構造**または**連語**という）が重要な働きをする。
(3) 構造は、単語で文になることもあれば、他の構造の構成成分になることもある。
(4) 主語 S、述語 P、賓語 O（動詞や介詞の賓語）、修飾語 M（modifier の頭文字）、補語 C、被修飾語や被補足語 H（head の頭文字）が構造の構成成分である（S、P、O、M、C、H は、便宜上略称として用いることがある。）

1．主語 S ‖ 述語 P……〈主述構造〉

P が動詞（v）	我‖去。（私は行く）	他‖来。（彼は来る）
	Wǒ qù.	Tā lái.
P が形容詞（a）	你‖好。（あなたは健やかだ→こんにちは）	
	Nǐ hǎo.	
	我‖（很）忙。（私は忙しい）	
	Wǒ hěn máng.	
P が名詞（n）	她‖北京人。（彼女は北京の人である）	
	Tā Běijīngrén.	
P が（s＋p）	他‖（身体‖好）。（彼は体が健康だ）	
	Tā shēntǐ hǎo.	

2．動詞 v｜賓語 O……〈動賓構造〉

去｜北京（北京へ行く）	念｜词（単語を読む）
qù Běijīng	niàn cí
有｜课（授業がある）	是｜学生（学生である）
yǒu kè	shì xuésheng
教｜他｜汉语。〈v｜O｜O〉（彼に中国語を教える）	
jiāo tā Hànyǔ.	

3．修飾語M　被修飾語H……〈修飾構造〉

（1）〈限定修飾語〉定M　H（nなど）　　　　　　　　　　注）／は「または」の意

定M（n／n的）	汉语　老师（中国語の先生） Hànyǔ　lǎoshī 〈nが種類・性質を示すとき、**的**は不要〉 老师　的　词典（先生の辞典） lǎoshī　de　cídiǎn	
定M（代／代的）	我们　学校（われわれの学校） wǒmen xuéxiào 〈代が親族・所属集団のとき、**的**は不要〉 我　的　书（私の本） wǒ　de　shū	
定M（a／a的）	大　商店（大きな商店） dà shāngdiàn 〈aが単音節のとき、**的**は不要〉 好看　的　毛衣（きれいなセーター） hǎokàn　de　máoyī	
定M（数詞＋量詞）	三　个　人（三人の人） sān ge rén	
定M（指代＋量詞）	这　个　人（この人） zhè ge rén	那　本　书（あの本） nà běn shū

（2）〈状況修飾語〉状M　H（v／a）

状M（a／a地）	快　走（早く歩く） kuài zǒu 〈aが単音節のとき、**地**は不要〉	老实（地）说（正直に話す） lǎoshi　de　shuō
状M（ad）	很　好（たいへん良い） hěn hǎo 常　去（いつも行く） cháng qù 不　去（行かない） bú qù	不　好（よくない） bù hǎo 没（有）去（行かなかった） méi (you) qù

4．被補足語 H　補語 C……補足構造

（1）H（v）得　C（a など）……動作や性質の到達状態を説明
　　　　　　　状態補語　　　〈状態補語〉

> 说得　好（話すのが上手だ）
> shuōde　hǎo
>
> 说得　不　好（話すのが上手でない）
> shuōde　bù　hǎo

（2）H（v）　C（a／v）……動作の結果を説明〈結果補語〉
　　　　　　結果補語

> 写好（ちゃんと書く）　做完（やり終わる）
> xiěhǎo　　　　　　　zuòwán

（3）H（v）　C（来／去／回など）／C（回など＋来／去）
　　　　　　方向補語

……動作の方向・趨勢を説明〈方向補語〉

> 走来（歩いて来る）　　走去（歩いて行く）
> zǒulai　　　　　　　zǒuqu
>
> 走回来（歩いて帰って来る）　走回去（歩いて帰って行く）
> zǒuhuílai　　　　　　　　　zǒuhuíqu

（4）H（v）　C（得／不＋結果補語／方向補語）
　　　　　　可能補語

……可能性を説明〈可能補語〉

> 写得好（上手に書くことができる）
> xiědehǎo
>
> 写不好（上手に書くことができない）
> xiěbuhǎo
>
> 回得来（帰ってこられる）
> huídelái

回不来（帰ってこられない）
huíbulái

（5）H（a）［得］ C（ad／a） ……性質や状態の到達程度を説明
　　　　　　　　　程度補語　　　　　　　　　　　　〈程度補語〉

好得 很（とてもよい）　好得 多（ずっとよい）
hǎode hěn　　　　　　　hǎode duō

忙 极了（ひどく忙しい）
máng jíle

（6）H（v） C（数量詞） ……動作の回数を説明〈動量補語〉
　　　　　　動量補語

去 一 次（一度行く）　看 两 回（二度見る）
qù yí cì　　　　　　　kàn liǎng huí

（7）H（v） C（数量詞） ……動作の持続時間を説明〈時間補語〉
　　　　　　時間補語

学 三 年（三年学ぶ）　住 四 天（四日泊る）
xué sān nián　　　　　zhù sì tiān

（8）H（a） C（数量詞） ……状態や性質の比較差を説明〈数量補語〉
　　　　　　数量補語

大 三 岁（三歳年上だ）　好 一点儿（少しよい）
dà sān suì　　　　　　　hǎo yìdiǎnr

5．介詞（介）｜賓語 O ……〈介賓構造〉

从 ｜ 这里 去（ここから行く）
cóng　zhèlǐ　qù
状　　M

在 ｜ 那里 学习（あそこで学ぶ）
zài　　nàlǐ　　xuéxí
状　　M

◇隔音符号

a, o, e で始まる音節が他の音節の後に続く場合、音節の切れ目がまぎらわしければ、隔音符号（'）で区切る。

女儿（むすめ）　　平安（平安だ）　　然而（しかし）
nǚ'ér　　　　　　píng'ān　　　　　rán'ér

◇ピンイン・ローマ字名称表

A a	B b	C c	D d	E e	F f	G g
(a)	(bê)	(cê)	(dê)	(e)	(êf)	(gê)
H h	I i	J j	K k	L l	M m	N n
(ha)	(i)	(jie)	(kê)	(êl)	(êm)	(nê)
O o	P p	Q q	R r	S s	T t	
(o)	(pê)	(qiu)	(ar)	(ês)	(tê)	
U u	V v	W w	X x	Y y	Z z	
(u)	(vê)	(wa)	(xi)	(ya)	(zê)	

注）V は外来語・少数民族語・方言以外に使用しない。

汉语拼音方案

漢語拼音方案は、1957年に中国の国務院全体会議を通過し、1958年に全国人民代表大会で批准された。以下はその主要な部分である。ピンイン・ローマ字の下の符号は清朝末期に中国で発案された発音符号で注音字母（zhùyīn zìmǔ）という。

注：「一、字母表」は前ページの「ピンイン・ローマ字名称表」と対照のこと。

一、字母表

字母 名称	Aa ㄚ	Bb ㄅㄝ	Cc ㄘㄝ	Dd ㄉㄝ	Ee ㄜ	Ff ㄝㄈ	Gg ㄍㄝ
	Hh ㄏㄚ	Ii ㄧ	Jj ㄐㄧㄝ	Kk ㄎㄝ	Ll ㄝㄌ	Mm ㄝㄇ	Nn ㄋㄝ
	Oo ㄛ	Pp ㄆㄝ	Qq ㄑㄧㄡ	Rr ㄚㄦ	Ss ㄝㄙ	Tt ㄊㄝ	Uu ㄨ
	Vv ㄪㄝ	Ww ㄨㄚ	Xx ㄒㄧ	Yy ㄧㄚ	Zz ㄗㄝ		

二、声母表

b ㄅ玻	p ㄆ坡	m ㄇ摸	f ㄈ佛	d ㄉ得	t ㄊ特	n ㄋ讷	l ㄌ勒
g ㄍ哥	k ㄎ科	h ㄏ喝		j ㄐ基	q ㄑ欺	x ㄒ希	
zh ㄓ知	ch ㄔ蚩	sh ㄕ诗	r ㄖ日	z ㄗ资	c ㄘ雌	s ㄙ思	

三、韵母表

	i 丨　衣	u ㄨ　乌	ü ㄩ　迂
a ㄚ　啊	ia 丨ㄚ　呀	ua ㄨㄚ　蛙	
o ㄛ　喔		uo ㄨㄛ　窝	
e ㄜ　鹅	ie 丨ㄝ　耶		üe ㄩㄝ　约
ai ㄞ　哀		uai ㄨㄞ　歪	
ei ㄟ　欸		uei ㄨㄟ　威	
ao ㄠ　熬	iao 丨ㄠ　腰		
ou ㄡ　欧	iou 丨ㄡ　忧		
an ㄢ　安	ian 丨ㄢ　烟	uan ㄨㄢ　弯	üan ㄩㄢ　冤
en ㄣ　恩	in 丨ㄣ　因	uen ㄨㄣ　温	ün ㄩㄣ　晕
ang ㄤ　昂	iang 丨ㄤ　央	uang ㄨㄤ　汪	
eng ㄥ　亨的韵母	ing 丨ㄥ　英	ueng ㄨㄥ　翁	
ong （ㄨㄥ）轰的韵母	iong ㄩㄥ　雍		